Tassenkuchen

Trendige Küchlein zum Löffeln oder Stürzen

EDITION XXL

Inhalt

Vorwort

Tassenkuchen liegen voll im Trend!

Leckere Kuchen in hübschen Tassen zu backen und nach Belieben auch zu servieren, ist einfach eine tolle Idee! Dabei muss man nicht unbedingt auf Fertig-Backmischungen oder die Mikrowelle zurückgreifen, sondern kann selbst hergestellte Teige verwenden, die im Backofen gebacken werden.

Eine vielseitige Zusammenstellung von leckeren Rezeptideen zeigt Ihnen, wie abwechslungsreich und raffiniert Tassenkuchen sein können. Ob Marmorkuchen, Joghurt-Pistazienkuchen oder ein verführerisches Rezept für Johannisbeer-Tässchen mit Vanille-Topping – hier ist für jeden Gaumen ein besonderer Leckerbissen dabei. Seien Sie kreativ und stellen Sie bei der Auswahl der Tassen als Backformen stets neue Farben und Dekos zusammen. Ihre Familie und Ihre Gäste werden begeistert sein!

Viel Spaß beim Backen und Genießen wünscht Ihnen

Elisabeth Bangert

Ratgeber

Süße Versuchung – tassenweise

Es gibt viele Gelegenheiten, der süßen Versuchung nachzugeben: spontaner Besuch, Heißhunger auf ein Stück Kuchen oder einfach nur die Lust, mal was Neues auszuprobieren. Wie schön, wenn man dann alles Nötige im Haus hat! Ein paar hübsche Tassen, Butter, Zucker, Eier, Mehl und vielleicht noch etwas Schokolade und schon zaubern Sie in einer halben Stunde köstliche, kleine Tassenkuchen auf den Teller – der in diesem Fall natürlich eine Tasse ist …

Um Missverständnissen vorzubeugen: Unsere „Tassenkuchen" sind keine Kuchen, deren Zutaten und Mengen mithilfe einer Tasse oder eines Bechers abgemessen werden. Die Tassenkuchen in diesem Buch sind von den amerikanischen *mug cakes* (*mug* = Becher) inspiriert:

schnelle Rührkuchen, die in der Tasse oder im Becher gebacken werden. Sie können anschließend direkt aus der Tasse gelöffelt oder auf einen Teller gestürzt und dann serviert werden.

Obwohl Tassenkuchen einfach und problemlos zu backen sind, gibt es ein paar Dinge zu beachten, die wir im Folgenden für Sie zusammengestellt haben.

Geeignete Tassen

Die Tassenkuchen werden in der Regel bei 180 °C gebacken, was für Tassen, die als hitzebeständig oder feuerfest deklariert sind, kein Problem ist. Allerdings ist nicht jedes Geschirr derart gekennzeichnet. Grundsätzlich kann man davon ausgehen, dass jede Keramiktasse den Backvorgang überstehen sollte. Eine Garantie gibt es natürlich nicht, deshalb verwenden Sie bitte keine Tassen, die sehr kostbar oder Ihnen aus anderen Gründen besonders wichtig sind!

Zum Backen im Backofen eignen sich Emailletassen besonders gut. Sie bestehen meist aus Eisen und sind mit einem bei hohen Temperaturen eingebrannten Emaillelack überzogen.

3 Kaffeetassen (Inhalt je 200 ml = 600 ml) vorgesehen ist, dann können Sie stattdessen auch 6 Espressotassen (Inhalt je 100 ml = 600 ml) oder 2 Kaffeebecher (Inhalt je 300 ml = 600 ml) verwenden. Oder 4 Tassen à 150 ml = 600 ml.

Wenn Sie nicht sicher sind, wieviel Milliliter in Ihre Tasse passen, können Sie das ganz einfach ermitteln: Füllen Sie die Tasse mit Wasser und gießen Sie dieses dann in einen Messbecher. An der Milliliter-Skala können Sie die Menge ablesen. Falls Sie eine andere als die angegebene Tassengröße verwenden, müssen Sie die veränderte Backzeit beachten: Bei kleineren Tassen verringert sich die Backzeit, bei größeren Tassen erhöht sich die Backzeit. Um sicherzugehen, dass der Kuchen gar ist, sollten Sie eine Stäbchenprobe (siehe nächste Seite) durchführen. Außerdem sollten Sie die Tassen nur zu ⅔ befüllen, da der Teig beim Backen meistens noch aufgeht.

Deshalb sind die hohen Backofentemperaturen für Emailletassen kein Problem. Zum Backen in der Mikrowelle sind sie allerdings nicht geeignet.

Tassengröße

Die in diesem Buch angegebenen Tassengrößen dienen nur als Orientierungshilfe, Sie können natürlich die Tassengröße verwenden, die Sie zu Hause haben. Zur Umrechnung müssen Sie lediglich die Milliliter-Angabe berücksichtigen. Ein Beispiel: Wenn eine Teigmenge für

Tassenkuchen backen

Bevor die Tassen mit Teig befüllt werden, müssen Sie sie entweder einfetten oder mit Backpapier auskleiden. Wofür Sie sich entscheiden, hängt davon ab, wie Sie die Kuchen später genießen möchten: Wenn die Kuchen direkt aus der Tasse gelöffelt werden, ist das Einfetten

Für die Rezepte in diesem Buch wurden folgende Tassengrößen verwendet:

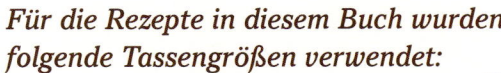 *Espressotassen*
Fassungsvermögen ca. 100 ml,
ø ca. 6 cm

 *Kaffeetassen*
Fassungsvermögen ca. 200 ml,
ø ca. 8 cm

 *Kaffeebecher*
Fassungsvermögen ca. 300 ml,
ø ca. 8 cm

mit dem Backpapier heraus und ziehen Sie dieses dann vorsichtig ab.

Wenn Sie nicht sicher sind, ob Ihre Tassen feuerfest sind, sollten Sie beim Backen für ein langsames Erhitzen und Abkühlen sorgen: Stellen Sie die mit Teig befüllten Tassen bereits während der Aufheizphase in den Backofen. Beachten Sie hierbei bitte, dass die Backzeit erst ab dem Erreichen der Backtemperatur gerechnet wird. Schalten Sie nach dem Backen den Ofen aus, öffnen Sie die Tür und lassen Sie den Kuchen im Ofen abkühlen.

Stäbchenprobe

Um sicherzugehen, dass der Kuchen gar ist, sollten Sie vor dem Herausnehmen aus dem Backofen die Stäbchenprobe machen: Stechen Sie mit einem Holzstäbchen (z.B. ein Zahnstocher oder Schaschlikspieß) in den Kuchen. Bleibt nach dem Herausziehen kein Teig mehr am Stäbchen kleben, ist der Kuchen gar und kann herausgenommen werden. Falls aber noch Teig daran klebt, muss er noch länger im Ofen bleiben.

ausreichend. Wollen Sie die Kuchen aber gestürzt servieren oder stürzen, um sie mit einer Füllung zu versehen und dann wieder in der Tasse zu servieren, muss die Tasse mit Backpapier ausgekleidet werden. In diesem Fall sollten nicht nur die Seiten, sondern auch der Boden mit passend zugeschnittenem Backpapier ausgelegt werden.

Backen im Backofen

Wenn im Rezept nicht anders angegeben, werden die Tassenkuchen im vorgeheizten Backofen bei 180 °C gebacken. Falls Sie die Umlufteinstellung nutzen, muss die Temperatur jeweils 20 °C weniger betragen, also z.B. statt 180 °C nur 160 °C. Espresso- und Kaffeetassen können auf der mittleren Schiebeleiste, große Tassen und Becher auf der unteren Schiebeleiste gebacken werden. Je nach Größe der verwendeten Tasse kann die Backzeit von der im Rezept angegebenen Zeit abweichen. Machen Sie zur Sicherheit die Stäbchenprobe (siehe rechts). Lassen Sie die Kuchen nach dem Backen etwas abkühlen, heben Sie sie

Backen in der Mikrowelle

Einige der Tassenkuchen aus dem Rezeptteil werden in der Mikrowelle gebacken. Hierfür sollten natürlich auch mikrowellentaugliche Gefäße verwendet werden. Halten Sie sich bitte genau an die im Rezept angegebenen Wattzahlen und Backzeiten, damit der Kuchen auch sicher gelingt.

Tassenkuchen servieren

Der Reiz von Tassenkuchen besteht vor allem darin, dass sie in der Tasse gebacken und auch serviert werden. Er wird dann einfach aus der Tasse gelöffelt. Das macht diese Kuchen so at-

traktiv für Kindergeburtstage oder Kuchenbuffets, vor allem, wenn sie dann noch mit einem Zucker- oder Schokoladenguss überzogen und mit bunten Perlen oder Streuseln verziert sind. Sie können die Tassenkuchen auch noch zusätzlich mit einem köstlichen Topping versehen. Hierfür eignen sich Schlagsahne, Frischkäse oder Buttercreme. Wenn Sie den Kuchen in einer mit Backpapier ausgekleideten Tasse gebacken haben, lässt sich sogar eine kleine Torte daraus zaubern: Den Kuchen mit Backpapier vorsichtig herausheben, die Haube abschneiden, den Kuchen mit Sahne oder Creme bestreichen, eventuell noch Früchte darauf-

Kleine Umrechnungshilfe

1 EL Backpulver	=	10 g
1 EL gemahlene Haselnüsse	=	5 g
1 EL Kakaopulver	=	5 g
1 EL Mehl	=	10 g
1 EL Milch	=	15 g
1 EL Puderzucker	=	10 g
1 EL Salz	=	15 g
1 EL Speisestärke	=	9 g
1 EL süße Sahne	=	13 g
1 EL Zucker	=	15 g

geben und die Haube wieder daraufsetzen. Abschließend mit Sahne und Früchten dekorieren. Das Törtchen kann nun entweder wieder in die Tasse gesetzt und darin serviert werden oder auf einem Teller angerichtet werden.

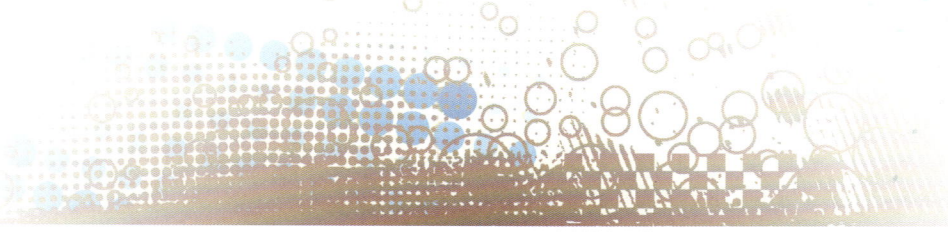

Haselnuss-Krokant-Kuchen

Zutaten:

Für 3 × 🍺 à ca. 300 ml

60 g weiche Butter
    oder Margarine
60 g Zucker
½ TL abgeriebene
    Schale einer unbe-
    handelten Orange
1 Prise Salz
1 Ei
3–4 EL Milch
80 g Mehl
1 TL Backpulver
40 g Speisestärke
50 g gemahlene
    Haselnüsse
50 g gehackte dunkle
    Schokolade

Außerdem:
80 g Haselnussglasur
ca. 2 EL Haselnuss-
    Krokant

Zubereitung:

1 Die Kaffeebecher mit Backpapier auskleiden. Den Backofen auf 180 °C vorheizen.

2 Die Butter und den Zucker mit den Schneebesen des Handrührgerätes cremig rühren, bis sich der Zucker aufgelöst hat. Die Orangenschale, das Salz, das Ei und die Milch nach und nach einrühren.

3 Das Mehl und das Backpulver durchsieben und zusammen mit der Speisestärke in die Teigmasse einrühren. Zügig zu einem glatten Teig verarbeiten.

4 Die Haselnüsse und die Schokolade mit einem Rührlöffel unter die Teigmasse heben.

5 Die Teigmasse gleichmäßig in die Tassen verteilen. Den Rost in die untere Schiene des Backofens schieben und die Tassenkuchen darauf ca. 30 Minuten backen. Mit einem Holzstäbchen in die Mitte eines Kuchens stechen: Wenn kein Teig mehr daran kleben bleibt, die Tassen herausnehmen und ca. 5 Minuten abkühlen lassen.

6 Die Haselnussglasur im heißen Wasserbad erwärmen und mit einem Kuchenpinsel gleichmäßig auf den Kuchen verstreichen. Sofort mit Krokant bestreuen.

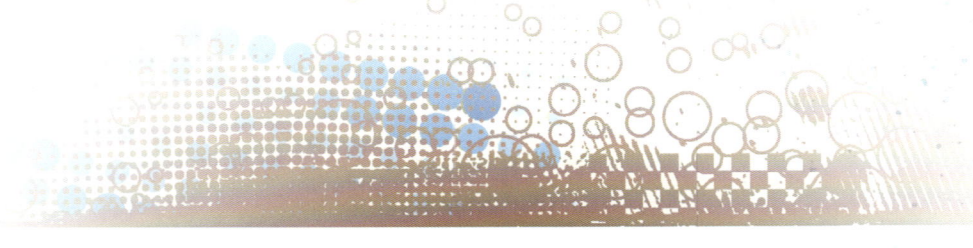

Joghurt-Pistazien-Kuchen

Zutaten:

Für 3 × ☕ à ca. 200 ml

130 g Mehl
½ Päckchen Back-
   pulver
1 Msp. Natron
1 Ei
1 Prise Salz
60 g Zucker
½ Päckchen
   Vanillezucker
40 ml Pflanzenöl
1 EL Kürbis-Apfel-
   Konfitüre
150 g Naturjoghurt
60 g gehackte
   Pistazien
3 TL Crème de Cassis
   (schwarzer Johan-
   nisbeerlikör)

Außerdem:
Puderzucker zum
   Bestäuben

Zubereitung:

1 Die Tassen gut einfetten. Den Backofen auf 190 °C vorheizen.

2 Das Mehl zusammen mit dem Backpulver und dem Natron in eine Schüssel sieben und beiseite-stellen. Das Ei trennen und das Eiweiß mit dem Salz zu steifem Schnee schlagen.

3 Den Zucker, den Vanillezucker, das Öl, die Konfi-türe und das Eigelb mit den Schneebesen des Handrührgerätes schaumig schlagen. Die Mehlmi-schung und den Joghurt dazugeben und zügig zu einem glatten Teig verarbeiten.

4 Die gehackten Pistazien vorsichtig unter den Ei-schnee heben und mit Crème de Cassis beträufeln.

5 Je zwei Teelöffel des Teiges in die Tassen füllen. Den Pistazienschnee darüber verteilen und mit dem verbliebenen Teig bedecken. Sofort in den Backofen schieben und ca. 20 bis 25 Minuten backen. Mit einem Holzstäbchen in einen der Kuchen stechen: Wenn kein Teig mehr daran kleben bleibt, die Tassen herausnehmen und ca. 5 Minuten abkühlen lassen. Danach mit Pu-derzucker bestäuben.

Je nach Geschmack können die Kuchen auch mit Pistaziencreme bestrichen und mit gehackten Pistazien bestreut werden.

Mit Nüssen

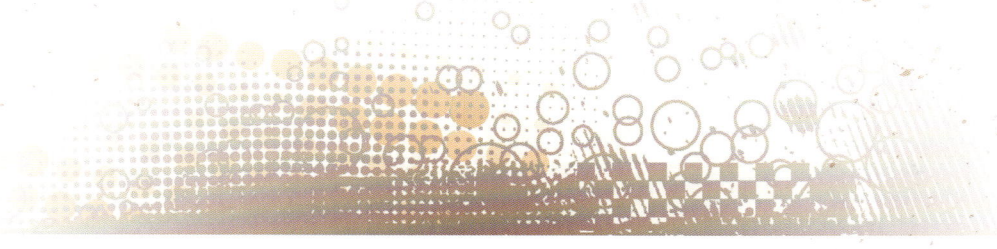

Baiser-Praliné-Kuchen

Zutaten:

Für 6 × ☕ à ca. 200 ml

1 Ei
1 TL Vanillezucker
140 g Zucker
80 ml Pflanzenöl
250 g Mehl
1 Päckchen Backpulver
1 TL Natron
300 g Vanillejoghurt
12 Irish-Coffee-Pralinen
   (oder Eiskonfekt)
100 g gehackte Mandeln

Außerdem:
weiße Kuchenglasur
12 Irish-Coffee-Pralinen
5–6 EL Schokoladen-
   blättchen

Zubereitung:

1 Die Tassen gut einfetten oder mit Backpapier auskleiden. Den Backofen auf 190 °C vorheizen.

2 Das Ei trennen und das Eiweiß mit Vanillezucker und 2 EL Zucker zu schnittfestem Schnee schlagen.

3 Den restlichen Zucker, das Öl und das Eigelb mit den Schneebesen des Handrührgerätes schaumig schlagen.

4 Das durchgesiebte Mehl und das Backpulver zusammen mit dem Natron in einer zweiten Schüssel vermengen. Die Mehlmischung mit dem Vanillejoghurt zügig in die Ölmasse einrühren.

5 Je zwei Teelöffel des Teiges in die Tassen füllen. Jeweils eine Praline auf den Teig legen und den restlichen Teig dann darübergeben.

6 Die gehackten Mandeln unter den Eischnee heben. Die Masse auf den Kuchen verteilen. Sofort in den Backofen schieben und ca. 30 Minuten backen. Mit einem Holzstäbchen in einen der Kuchen stechen: Wenn kein Teig mehr daran kleben bleibt, die Tassen herausnehmen und ca. 5 Minuten abkühlen lassen.

7 Die Kuchenglasur im heißen Wasserbad schmelzen. Die Kuchen mit den Schokoladenblättchen, der Glasur und den Pralinen verzieren.

Papaya-Haselnuss-Kuchen

Zutaten:

Für 6 × ☕ à ca. 200 ml

250 g Mehl
1 Päckchen Backpulver
½ TL Natron
1 Papaya
1 Päckchen Vanille-
   zucker
25 g gemahlene Hasel-
   nüsse
120 g Zucker
100 g weiche Butter
   oder Margarine
1 Ei
1 EL abgeriebene
   Schale einer unbe-
   handelten Zitrone
300 g Vanillejoghurt

Außerdem:
Schokoladenspäne

Zubereitung:

1 Die Tassen gut einfetten oder mit Backpapier auskleiden. Den Backofen auf 190 °C vorheizen.

2 Das Mehl zusammen mit dem Backpulver und dem Natron in eine Schüssel sieben und beiseitestellen.

3 Die Papaya schälen, halbieren, Kerne mit einem Löffel herausnehmen und das Fruchtfleisch in grobe Stücke schneiden. Die Papayawürfel in ein hohes Gefäß geben, mit dem Vanillezucker bestreuen und mit einem Pürierstab zu feinem Mus verarbeiten. Zum Schluss die gemahlenen Haselnüsse unterrühren.

4 Den Zucker, die Butter und das Ei mit den Schneebesen des Handrührgerätes schaumig schlagen. Die Mehlmischung, die Orangenschale und den Vanillejoghurt dazugeben und zügig zu einem glatten Teig verarbeiten.

5 Die Hälfte des Teiges in die Tassen füllen. Jeweils ca. zwei Teelöffel Papayapüree daraufgeben und mit dem restlichen Teig bedecken. Sofort in den Backofen schieben und ca. 25 Minuten backen. Mit einem Holzstäbchen in einen der Kuchen stechen: Wenn kein Teig mehr daran kleben bleibt, die Tassen herausnehmen und ca. 5 Minuten abkühlen lassen.

6 Vor dem Servieren auf jeden Kuchen einen Klecks Papayapüree setzen und mit Schokoladenspänen bestreuen.

Dunkler *Kokos-Kuchen*

Zutaten:

Für 3 × ☕ à ca. 200 ml

1 Ei
75 g Zucker
50 g weiche Butter
  oder Margarine

130 g Mehl
1 TL Backpulver
3 TL Kakaopulver
¼ TL Natron

1 Päckchen
  Vanillezucker
30 g Kokosraspel
250 ml Milch

Zubereitung:

1 Die Tassen gut einfetten oder mit Backpapier auskleiden. Den Backofen auf 180 °C vorheizen.

2 Das Ei trennen. Das Eigelb mit 70 g Zucker und der weichen Butter schaumig rühren, bis sich der Zucker restlos aufgelöst hat.

3 Das Mehl, das Backpulver und den Kakao durchsieben. Das Natron dazugeben und alles mit einem Rührlöffel gleichmäßig vermengen.

4 Das Eiweiß mit dem Vanillezucker und 1 TL Zucker zu schnittfestem Schnee schlagen. Die Kokosraspel vorsichtig unterheben.

5 Die Mehlmischung zusammen mit der Milch zügig in die Ei-Zucker-Butter-Masse einrühren. Den fertigen Teig nicht zu lange stehen lassen.

6 Die Tassen knapp zur Hälfte mit Teig füllen. Mit einem Teelöffel kleine, gleichmäßige Mulden in den Teig drücken. Den Teelöffel zuvor in kaltes Wasser tauchen, damit der Teig nicht kleben bleibt. Aus der Kokosmasse kleine Kugeln formen und diese in die Mulden legen. Eine kleine Menge zum Bestreuen zurückbehalten. Den restlichen Teig in die Tassen füllen.

7 Die zurückbehaltene Kokosmasse über die Kuchen streuen, die Tassen sofort in den Backofen schieben und ca. 25 Minuten backen. Mit einem Holzstäbchen in die Mitte eines Kuchens stechen: Wenn kein Teig mehr daran kleben bleibt, die Tassen herausnehmen und ca. 5 Minuten abkühlen lassen.

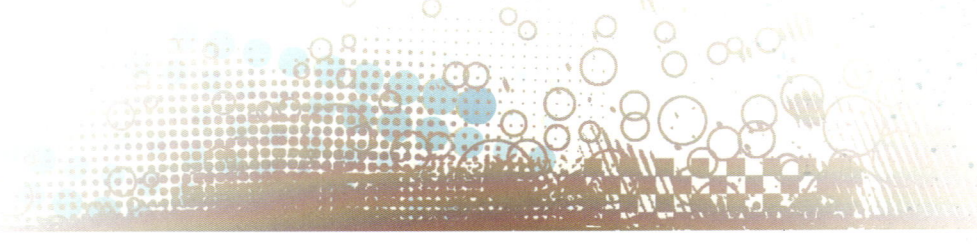

Marmorkuchen

Zutaten:

Für 2 × à ca. 300 ml
oder 3 × à ca. 200 ml

50 g weiche Butter
    oder Margarine
50 g Zucker
1 TL Vanillezucker
1 Ei
75 g Mehl
1 TL Backpulver
½ Päckchen Pud-
    dingpulver Vanille
1 Prise Salz
70 ml Milch
1 TL Kakao

Zubereitung:

1 Die Tassen mit Backpapier auskleiden. Den Backofen auf 180 °C vorheizen.

2 Die Butter, den Zucker und den Vanillezucker mit den Schneebesen des Handrührgerätes schaumig rühren, bis sich der Zucker aufgelöst hat. Das Ei unterschlagen.

3 Das Mehl zusammen mit dem Backpulver und dem Puddingpulver in eine Schüssel sieben, mit dem Salz zur Eier-Butter-Masse geben und mit der Milch zu einem glatten Teig verrühren. Den Teig in zwei Hälften teilen. Über die eine Hälfte den Kakao sieben und unterrühren.

4 Zuerst den hellen und dann den dunklen Teig in die Tassen geben. Mit einer Gabel in der Mitte des dunklen Teiges ansetzen und rechtsherum in den hellen Teig drehen, damit im Inneren die Marmorierung entsteht.

5 Den Rost in die untere Schiene des Backofens schieben und die Tassenkuchen darauf ca. 30 Minuten backen. Mit einem Holzstäbchen in die Mitte eines Kuchens stechen: Wenn kein Teig mehr daran kleben bleibt, die Tassen herausnehmen und ca. 5 Minuten abkühlen lassen.

Nach Belieben können die Kuchen vor dem Servieren noch mit Puderzucker bestäubt oder mit einer Kuchenglasur verziert werden.

Wer es besonders süß mag, kann die Kuchen noch mit einer Schokoladenglasur bestreichen und mit Zuckerstreuseln oder gehackten Mandeln bestreuen.

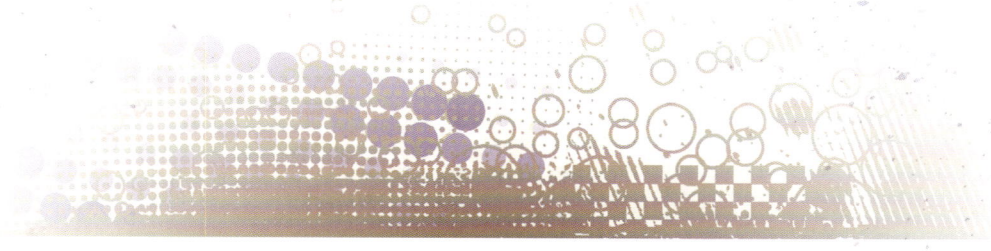

Nuss-Nugat-Kuchen

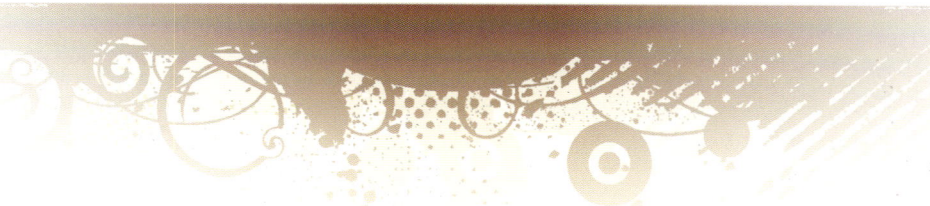

Zutaten:

Für 2 × à ca. 300 ml
oder 3 × à ca. 200 ml

65 g weiche Butter oder
   Margarine
50 g Zucker
1 TL Vanillezucker
2 Eier
1 Prise Salz
125 g Mehl
1 TL Backpulver
1 EL Kakaopulver
50 ml Milch
50 g gemahlene Mandeln
2 EL Nuss-Nugatcreme

Zubereitung:

1 Die Tassen mit Backpapier auskleiden. Den Backofen auf 180 °C vorheizen.

2 Die Butter, den Zucker und den Vanillezucker mit
einem Schneebesen schaumig rühren, bis sich der
Zucker aufgelöst hat. Die Eier und das Salz nach
und nach einrühren.

3 Das Mehl, das Backpulver und den Kakao durchsieben und zusammen mit der Milch zügig in die
Teigmasse einrühren.

4 Die gemahlenen Mandeln und die Nuss-Nugat-
creme mit dem Schneebesen in die Teigmasse einrühren, bis alles gleichmäßig verteilt ist.

5 Die Teigmasse in die Tassen füllen. Den Rost in
die untere Schiene des Backofens schieben und die
Tassenkuchen darauf ca. 30 Minuten backen. Mit
einem Holzstäbchen in die Mitte eines Kuchens
stechen: Wenn kein Teig mehr daran kleben bleibt,
die Tassen herausnehmen und ca. 5 Minuten abkühlen lassen.

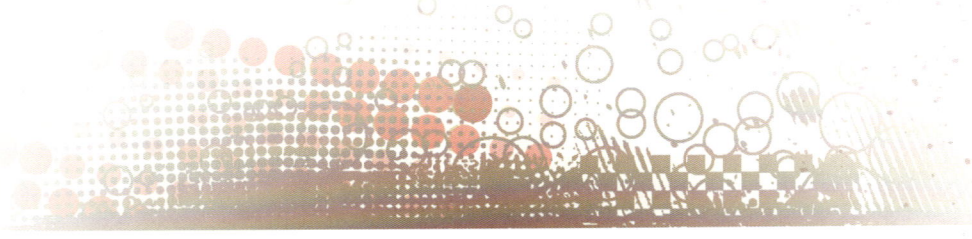

Nugatkuchen mit Rosinen

Zutaten:

Für 3 × ☕ à ca. 200 ml

40 g Nuss-Nugat
40 g weiche Butter oder
 Margarine

50 g brauner
 Zucker
1 Ei
50 g gemahlene
 Haselnüsse

1 Prise Salz
40 g Mehl
1 TL Backpulver
2 EL Milch
35 g Rosinen

Außerdem:
50 g Nuss-Nugat
Dekorblätter aus
 weißer Schokolade

Zubereitung:

1 Die Tassen mit Backpapier auskleiden. Den Backofen auf 180 °C vorheizen.

2 Den Nugat mit dem Schneebesen gleichmäßig verrühren. Die Butter und den Zucker dazugeben. Die Masse so lange schlagen, bis sich der Zucker gelöst hat.

3 Das Ei trennen. Das Eiweiß in eine fettfreie Schüssel geben und das Eigelb in die Zuckermasse einrühren. Die gemahlenen Haselnüsse und das Salz unterrühren.

4 Das Mehl und das Backpulver in eine Schüssel sieben und zügig mit der Milch in die Zucker-Ei-Masse rühren. Die Rosinen in Mehl wälzen.

5 Das Eiweiß zu schnittfestem Schnee schlagen und zusammen mit den Rosinen vorsichtig unter den Teig heben.

6 Die Teigmasse in die Tassen füllen. Den Rost in die untere Schiene des Backofens schieben und die Tassenkuchen darauf ca. 30 Minuten backen. Mit einem Holzstäbchen in die Mitte eines Kuchens stechen: Wenn kein Teig mehr daran kleben bleibt, die Tassen herausnehmen und ca. 5 Minuten abkühlen lassen.

7 Die Nugatmasse im Wasserbad erwärmen. Wenn sie flüssig ist, den kalten Kuchen mit dem Nugat überziehen und mit Schokoladenblättern verzieren.

Damit Rosinen beim Backen nicht auf den Boden sinken und sich im Teig besser verteilen, sollten Sie sie grundsätzlich in Mehl wälzen, bevor sie in den Teig gerührt werden.

Wenn die kuchen für Kinder gebacken werden, sollte der Rum durch Vanille- oder Bittermandelaroma ersetzt werden.

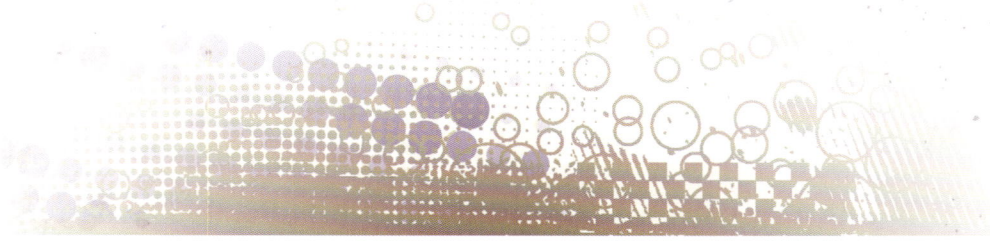

Schoko**kuss**-Kuchen

Zutaten:

Für 2 ×  à ca. 300 ml
oder 3 × à ca. 200 ml

90 g Butter oder Margarine
2 Eier

1 Prise Salz
50 g weiße Schokolade
90 g Zucker
½ Päckchen
    Vanillezucker

2 cl Rum
90 g Mehl
1 EL Kakaopulver
1 TL Backpulver

Außerdem:
60 g dunkle Scho-
   koladenglasur

Zubereitung:

1 Die Tassen mit Backpapier auskleiden. Den Backofen auf 180 °C vorheizen.

2 Die Butter in einen Topf geben und bei schwacher Hitze schmelzen, vom Herd nehmen und etwas abkühlen lassen. Die Eier trennen und die Eiweiße mit dem Salz zu schnittfestem Eischnee schlagen. Die Schokolade in der Küchenmaschine fein hacken.

3 Die Eigelbe mit 2 EL lauwarmem Wasser, dem Zucker und dem Vanillezucker mit den Schneebesen des Handrührgerätes zu einer hellen, dickflüssigen Creme aufschlagen. Die flüssige Butter und den Rum unterschlagen.

4 Den steif geschlagenen Eischnee auf die Eiercreme geben. Das Mehl, den Kakao und das Backpulver darübersieben und die Schokolade ebenfalls hinzufügen. Alle Zutaten mit einem Rührlöffel vorsichtig vermischen.

5 Den Teig gleichmäßig in die Tassen füllen und im Backofen ca. 35 Minuten backen. Mit einem Holzstäbchen in die Mitte eines Kuchens stechen: Wenn kein Teig mehr daran kleben bleibt, die Tassen herausnehmen und ca. 5 Minuten abkühlen lassen.

6 Die Schokoladenglasur im heißen Wasserbad schmelzen und die erkalteten Kuchen damit bestreichen.

Die kleinen Küchlein sind ideal für den Kindergeburtstag oder für das Picknick, da die Portionen nicht so groß sind.

Anstatt Zuckerstreuseln freuen sich Kinder auch über eine Glasur mit bunten Schokolinsen.

Mit Schokolade

Zuckertöpfchen

Zutaten:

Für 5 × ☕ à ca. 100 ml

50 g weiche Butter oder
    Margarine
75 g Zucker
2 Eier

50 g Schokoladenstreusel
25 g Instantmehl
1 TL Backpulver
1 Päckchen Puddingpulver
    Schokolade
evtl. 1 EL Milch

Außerdem:
80 g Kakaoglasur
bunte Zuckerstreusel

Zubereitung:

1 Die Tassen gut einfetten. Den Backofen auf 180 °C vorheizen.

2 Die Butter und den Zucker mit einem Schneebesen schaumig rühren, bis sich der Zucker aufgelöst hat. Die Eier und die Schokoladenstreusel nach und nach einrühren.

3 Das Instantmehl ist sehr fein und braucht in der Regel nicht durchgesiebt zu werden. Das Backpulver durch ein kleines Sieb auf das Mehl sieben und mit dem Puddingpulver vermengen. Das Mehlgemisch zügig in die Schaummasse einrühren.

4 Wenn der Teig zu fest ist, noch 1 EL Milch dazugeben. Es muss ein zäher Teig entstehen.

5 Die Teigmasse mit einem Teelöffel gleichmäßig in die Tassen füllen. Den Rost in die mittlere Schiene des Backofens schieben und die Tassenkuchen darauf ca. 20 Minuten backen. Mit einem Holzstäbchen in die Mitte eines Kuchens stechen: Wenn kein Teig mehr daran kleben bleibt, die Tassen herausnehmen und ca. 5 Minuten abkühlen lassen.

6 Die Kakaoglasur in einem Topf im heißen Wasserbad schmelzen und die kleinen Kuchen damit bestreichen. Auf die noch feuchte Glasur die Zuckerstreusel streuen.

Marzipan-
töpfchen

Zutaten:

Für 7 × 🍵 à ca. 100 ml

140 g Marzipan-Rohmasse
65 g weiche Butter oder
   Margarine
40 g Zucker
1 Ei
1 Prise Salz
125 g Mehl
1 TL Backpulver
50 ml Milch
50 g Schokoladen-
   blättchen

Außerdem:
150 g Kakaoglasur
nach Belieben
   Zuckerfiguren

Zubereitung:

1 Die Tassen gut einfetten. Den Backofen auf 180 °C vorheizen.

2 Die Marzipanmasse mit dem Schneebesen verrühren. Die Butter und den Zucker dazugeben und schaumig rühren, bis sich der Zucker aufgelöst hat. Das Ei und das Salz unterrühren.

3 Das Mehl und das Backpulver sieben und zügig mit der Milch in die Teigmasse einrühren.

4 Die Schokoladenblättchen mit einem Rührlöffel unterheben.

5 Die Teigmasse mit einem Teelöffel gleichmäßig in die Tassen füllen. Den Rost in die mittlere Schiene des Backofens schieben und die Tassenkuchen darauf ca. 25 Minuten backen. Mit einem Holzstäbchen in die Mitte eines Kuchens stechen: Wenn kein Teig mehr daran kleben bleibt, die Tassen herausnehmen und ca. 5 Minuten abkühlen lassen.

6 Die Kakaoglasur in einem Topf im heißen Wasserbad schmelzen und die kleinen Kuchen damit bestreichen. Nach Belieben auf einige Kuchen die Zuckerfiguren setzen.

Schokokuchen mit Kirschen

Zutaten:

Für 4 × à ca. 300 ml

100 g Zartbitter-
schokolade
200 g weiche Butter
oder Margarine
200 g Zucker
4 Eier
300 g Mehl
2 TL Backpulver
1 Prise Salz
2 EL Kakaopulver
100 ml Milch
200 g Kirschen

Zubereitung:

1 Die Tassen gut einfetten oder mit Backpapier auskleiden. Den Backofen auf 180 °C vorheizen. Die Schokolade in der Mikrowelle oder im Wasserbad schmelzen.

2 Die Butter und den Zucker mit dem Handrührgerät cremig rühren. Die Eier nacheinander einzeln unterrühren. Die geschmolzene Schokolade hinzufügen und alles gut vermischen.

3 Das Mehl, das Backpulver, das Salz und den Kakao dazugeben und abwechselnd mit der Milch unter den Teig rühren.

4 Den Teig in die Tassen füllen. Die Kirschen daraufgeben und leicht eindrücken. Im Backofen ca. 40 Minuten backen. Mit einem Holzstäbchen in die Mitte des Kuchens stechen: Wenn kein Teig mehr daran kleben bleibt, die Tassen herausnehmen und ca. 5 Minuten abkühlen lassen. Nach Belieben mit einem Schokoguss dekorieren.

Schwarz-Weiß-Kuchen

Zutaten:

Für 8 × ☕ à ca. 100 ml

125 g weiche Butter
    oder Margarine
100 g Zucker
½ Päckchen Vanille-
    zucker
3 Eier
250 g Mehl
2 TL Backpulver
1 Prise Salz
60 ml Milch
160 g dunkle
    Schokolade

Zubereitung:

1 Die Tassen gut einfetten. Den Backofen auf 180 °C vorheizen.

2 Die Butter, den Zucker und den Vanillezucker mit den Schneebesen des Handrührgerätes schaumig schlagen. Die Eier nach und nach unterrühren.

3 Das Mehl zusammen mit dem Backpulver in eine Schüssel sieben. Die Mehlmischung mit dem Salz zur Eiermasse geben und mit der Milch zu einem glatten Teig rühren.

4 Die Schokolade mit einem scharfen Messer in kleine Stücke hacken, ebenfalls in den Teig geben und mit einem Löffel unterheben.

5 Den Teig mit einem Teelöffel gleichmäßig in die Tassen füllen. Den Rost in die mittlere Schiene des Backofens schieben und die Tassenkuchen darauf ca. 20 Minuten backen. Mit einem Holzstäbchen in die Mitte eines Kuchens stechen: Wenn kein Teig mehr daran kleben bleibt, die Tassen herausnehmen und ca. 5 Minuten abkühlen lassen.

Mit einem farbigen Zuckerguss bestrichen sind diese kleinen Tassenküchlein bei Kindergeburtstagen oder Gartenfesten ein Hit!

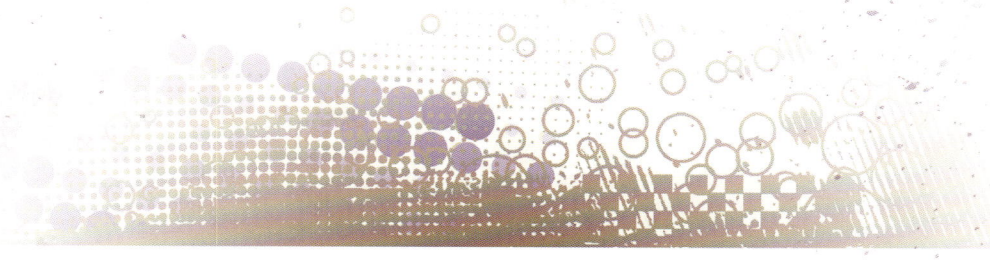

*Kakao*töpfchen

Zutaten:

Für 8 × ☕ à ca. 100 ml

125 g weiche Butter
    oder Margarine
100 g Zucker
½ Päckchen Vanille-
    zucker
3 Eier
250 g Mehl
2 TL Backpulver
2 TL Kakaopulver
1 Prise Salz
60 ml Milch
160 g weiße Schoko-
    lade

Zubereitung:

1 Die Tassen gut einfetten. Den Backofen auf 180 °C vorheizen.

2 Die Butter, den Zucker und den Vanillezucker mit den Schneebesen des Handrührgerätes schaumig schlagen. Die Eier nach und nach unterrühren.

3 Das Mehl zusammen mit dem Backpulver und dem Kakao in eine Schüssel sieben. Die Mehlmischung mit dem Salz zur Eiermasse geben und mit der Milch zu einem glatten Teig rühren.

4 Die Schokolade mit einem scharfen Messer in kleine Stücke hacken, ebenfalls in den Teig geben und mit einem Löffel unterheben.

5 Den Teig mit einem Teelöffel gleichmäßig in die Tassen füllen. Den Rost in die mittlere Schiene des Backofens schieben und die Tassenkuchen darauf ca. 20 Minuten backen. Mit einem Holzstäbchen in die Mitte eines Kuchens stechen: Wenn kein Teig mehr daran kleben bleibt, die Tassen herausnehmen und ca. 5 Minuten abkühlen lassen.

Hanuta-Kuchen

Zutaten:

Für 6 × ☕ à ca. 100 ml

140 g Mehl
½ Päckchen Backpulver
1 Msp. Natron

3 große Hanutas
70 g Zucker
50 g weiche Butter oder Margarine
1 Ei
150 ml Orangenlimonade

Außerdem:

200 g feinherbe
    Schokoladenkuvertüre
Zuckerblumen

Zubereitung:

1 Die Tassen gut einfetten. Den Backofen auf 190 °C vorheizen.

2 Das Mehl zusammen mit dem Backpulver und dem Natron in eine Schüssel sieben und beiseitestellen. Die Hanutas grob hacken.

3 Den Zucker, die Butter und das Ei mit den Schneebesen des Handrührgerätes schaumig schlagen. Die Mehlmischung und die Orangenlimonade dazugeben und zügig zu einem glatten Teig verarbeiten.

4 Je zwei Teelöffel des Teiges in die Tassen füllen und 5 Minuten anbacken. Danach die Hanuta-Würfel darüberstreuen, mit dem restlichen Teig bedecken und in weiteren 20 Minuten fertig backen. Mit einem Holzstäbchen in die Kuchen stechen: Wenn kein Teig mehr daran kleben bleibt, die Tassen herausnehmen und ca. 5 Minuten abkühlen lassen.

5 Die Schokoladenkuvertüre im heißen Wasserbad schmelzen. Die Kuchen damit begießen und mit Zuckerblumen bestreuen.

Brownies

Zubereitung:

1 Die Tassen gut einfetten. Den Backofen auf 180 °C vorheizen.

2 Die Butter in einem Topf bei geringer Hitze zerlassen, die Blockschokolade dazugeben und unter ständigem Rühren schmelzen, nicht kochen. Die Masse abkühlen lassen.

3 Das Ei, den Zucker, den Vanillezucker und das Salz mit dem Schneebesen in die Schokoladenmasse einrühren.

4 Das Mehl und das Backpulver durchsieben und zügig in die Teigmasse rühren. Die gehackten Mandeln und die Haselnüsse mit einem Rührlöffel unterheben.

5 Den Teig mit einem Teelöffel gleichmäßig in die Tassen füllen und die gehobelten Mandeln darüberstreuen. Die Tassen auf der mittleren Schiene des Backofens ca. 30 Minuten backen. Mit einem Holzstäbchen in die Mitte eines Kuchens stechen: Wenn kein Teig mehr daran kleben bleibt, die Tassen herausnehmen und ca. 5 Minuten abkühlen lassen. Zum Schluss mit Schokostreuseln bestreuen.

Zutaten:

Für 4 × ☕ à ca. 100 ml

65 g weiche Butter oder Margarine
65 g Blockschokolade
1 Ei
100 g Zucker
1 Päckchen Vanillezucker
1 Prise Salz
65 g Mehl
½ TL Backpulver
40 g gehackte Mandeln
15 g gehackte Haselnüsse
15 g gehobelte Mandeln
20 g Schokostreusel

Gib mir die Schokolade und niemand wird verletzt ...

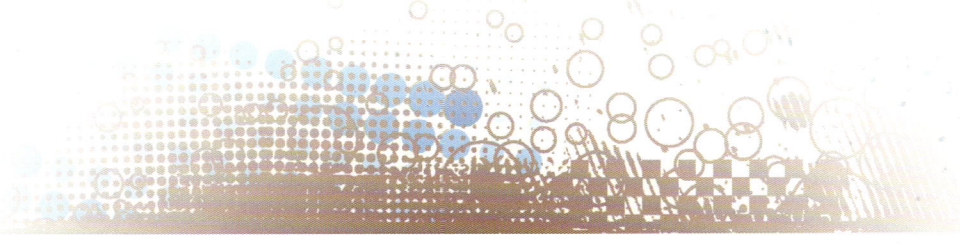

Grieß-Tassenkuchen

Zutaten:

Für 6 ×  à ca. 200 ml

1 Packung Grießbrei-
   Fertigmischung
500 ml Milch
130 g Zucker
70 ml Pflanzenöl
1 Ei
230 g Mehl
1 Päckchen Backpulver
1 Msp. Natron
1 EL Kakaopulver
270 ml Buttermilch

Außerdem:
weiße Kuchenglasur

Zubereitung:

1 Die Tassen gut einfetten. Den Backofen auf 190 °C vorheizen.

2 Den Grießbrei mit der Milch nach Packungsanweisung zubereiten und auskühlen lassen.

3 Den Zucker, das Öl und das Ei mit den Schneebesen des Handrührgerätes schaumig schlagen.

4 Das durchgesiebte Mehl und das Backpulver zusammen mit dem Natron in einer zweiten Schüssel vermengen. Das Kakaopulver in die Mehlmischung sieben, gut verrühren. Die Mehlmischung mit der Buttermilch zügig in die Zucker-Öl-Masse einrühren.

5 Etwas Teig in die Tassen füllen. Den Grießbrei darübergeben und den restlichen Teig darauf verteilen. Sofort in den Backofen schieben und ca. 30 Minuten backen.

6 Die Kuchenglasur im heißen Wasserbad schmelzen. In eine kleine Spritztüte aus Pergamentpapier füllen, eine kleine Ecke abschneiden und die Glasur zügig im Zickzack über den Kuchen verteilen.

Sie können die Farbgebung auch um-drehen: Fügen Sie das Kakaopulver dem Grießbrei hinzu und verzieren Sie die Kuchen mit dunkler Kuchenglasur.

Statt mit Puderzucker kann man die Kuchen auch mit einem Eierlikörguss verzieren. Dazu 30 g Puderzucker in eine Schüssel sieben und mit 2 TL Eierlikör zu einer zähen Masse verrühren. Die Kuchen damit bestreichen und den Guss fest werden lassen.

Mit Alkohol oder Kaffee

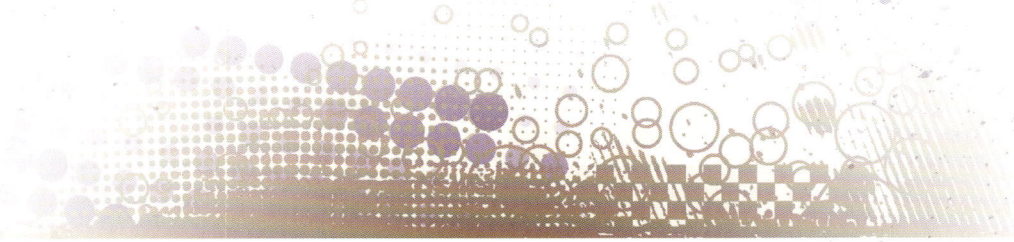

Eierlikörkuchen

Zutaten:

Für 2 ×  à ca. 300 ml

60 g Puderzucker
1 Ei
½ Päckchen Vanille-
    zucker
75 ml Pflanzenöl
75 ml Eierlikör
40 g Mehl
1 TL Backpulver
30 g Speisestärke
1 Prise Salz

Außerdem:
Puderzucker zum
    Bestäuben

Zubereitung:

1 Die Tassen mit Backpapier auskleiden. Den Back-ofen auf 180 °C vorheizen.

2 Den Puderzucker durchsieben und mit dem Ei und dem Vanillezucker mit dem Schneebesen zu einer glatten Masse rühren.

3 Das Öl und den Eierlikör nacheinander in einem dünnen Strahl unter Rühren in die Ei-Zucker-Masse fließen lassen.

4 Das Mehl und das Backpulver in eine Schüssel sieben, die Speisestärke und das Salz untermischen, zum Teig geben und zügig unterrühren.

5 Die Teigmasse gleichmäßig in die Tassen füllen. Den Rost in die untere Schiene des Backofens schieben und die Tassenkuchen darauf ca. 30 Minuten backen. Mit einem Holzstäbchen in die Mitte eines Kuchens stechen: Wenn kein Teig mehr daran kleben bleibt, die Tassen herausnehmen und ca. 5 Minuten abkühlen lassen.

6 Die Kuchen mit Puderzucker bestäuben.

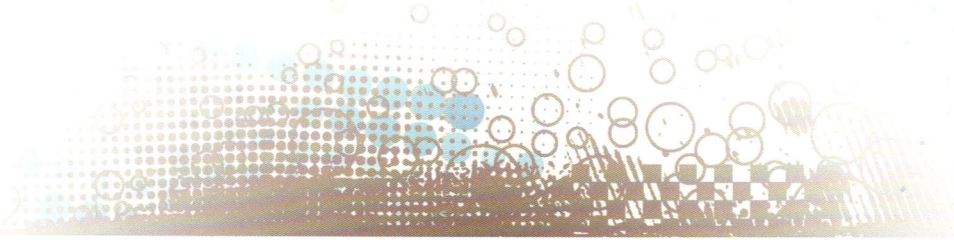

Mon-Chéri-Kuchen

Zutaten:

Für 6 × ☕ à ca. 100 ml

130 g Mehl
½ Päckchen Backpulver
1 Msp. Natron
60 g Zucker
1 Päckchen Vanille-
 zucker
50 g weiche Butter oder
 Margarine
1 Ei
40 g gemahlene Mandeln
150 ml Milch
6 Mon Chéri

Außerdem:
Puderzucker zum
 Bestäuben

Zubereitung:

1 Die Tassen gut einfetten. Den Backofen auf 190 °C vorheizen.

2 Das Mehl zusammen mit dem Backpulver und dem Natron in eine Schüssel sieben und beiseite-stellen.

3 Den Zucker, den Vanillezucker, die Butter und das Ei mit den Schneebesen des Handrührgerätes schaumig schlagen. Die Mehlmischung, die Man-deln und die Milch dazugeben und zügig zu einem glatten Teig verarbeiten.

4 Je zwei Teelöffel des Teiges in die Tassen füllen und 5 Minuten anbacken. Danach je ein Mon Chéri hineinsetzen, mit dem restlichen Teig bede-cken und in weiteren 20 Minuten fertig backen. Mit einem Holzstäbchen in einen Kuchen stechen: Wenn kein Teig mehr daran kleben bleibt, die Tas-sen herausnehmen und ca. 5 Minuten abkühlen lassen.

5 Vor dem Servieren mit Puderzucker bestäuben.

Wer es besonders karamellig mag, backt in der Tasse ein **Karamellbonbon** mit!

Karamell-Cappuccino-Kuchen
mit Eis

Zutaten:

Für 4 × 🍵 à ca. 200 ml

150 g weiche Butter
  oder Margarine
250 g brauner Zucker
3 Eier
200 g Mehl
½ TL Backpulver
1 Prise Salz
2 TL Cappuccino-Pulver
100 ml süße Sahne
1 TL Vanillezucker

Außerdem:
80 g brauner Zucker
50 g Butter
50 ml süße Sahne
½ TL Vanillezucker
50 g Puderzucker
250 g Vanilleeis
1 EL Raspelschokolade

Zubereitung:

1 Die Tassen gut einfetten. Den Backofen auf 180 °C vorheizen.

2 Mit dem Handrührgerät die Butter und den Zucker cremig rühren. Die Eier nacheinander hinzugeben. In einer anderen Rührschüssel das Mehl, das Backpulver und das Salz mischen. Die Mehlmischung mit dem Cappuccino-Pulver, der Sahne und dem Vanillezucker unter die Butter-Zucker-Mischung rühren.

3 Den Teig in die Tassen füllen und im Backofen ca. 40 Minuten backen. Nach dem Backen 5–10 Minuten in der Tasse auskühlen lassen.

4 Den Zucker, die Butter, die Sahne und den Vanillezucker in einen Topf geben, unter Rühren zum Kochen bringen und ca. 2 Minuten köcheln lassen. Den Puderzucker mit dem Handrührgerät unterrühren. Die heiße Glasur über die Kuchen verteilen.

5 Mit je einem Klecks Vanilleeis und Raspelschokolade dekoriert servieren.

Kaffee-Tassenkuchen

Zutaten:

Für 6 × ☕ à ca. 200 ml

125 ml Rapsöl
100 g Zucker
3 Eier
200 g Mehl
2 TL Backpulver
100 ml Espresso
200 ml süße Sahne
2 Päckchen Vanille-
   zucker
4 EL Kaffeelikör
6 Mokkabohnen aus
   Schokolade

Zubereitung:

1 Die Tassen gut einfetten oder mit Backpapier auskleiden. Den Backofen auf 175 °C vorheizen.

2 Das Rapsöl und den Zucker mit dem Handrührgerät zu einer cremigen Masse rühren, die Eier nacheinander dazugeben. Das Mehl und das Backpulver mischen und zusammen mit dem Espresso über die Eimasse geben. Alles zu einem geschmeidigen Teig verrühren.

3 Den Teig in die Tassen füllen und ca. 40 Minuten backen. Mit einem Holzstäbchen in die Mitte des Kuchens stechen: Wenn kein Teig mehr daran kleben bleibt, die Tassen herausnehmen und ca. 5 Minuten abkühlen lassen.

4 Die Sahne mit dem Vanillezucker steif schlagen, den Kaffeelikör unterrühren. Auf jeden Kuchen 1–2 EL Sahnecreme geben und mit einer Mokkabohne verzieren.

Je länger man die Rosinen im Rum ziehen lässt, umso intensiver ist der Geschmack.
Die Mandeln kann man mit ein wenig Butter in einer Pfanne anrösten. Sie sind dann noch knuspriger.

Rum-Mandel-Kuchen

Zutaten:

Für 4 × ☕ à ca. 200 ml

30 g Rosinen	40 g Puderzucker	*Außerdem:*
20 ml Rum	50 g gemahlene Mandeln	50 g Kakaoglasur
2 Eier	1 EL Mehl	Mandelblättchen
1 Prise Salz		

Zubereitung:

1 Die Rosinen mit heißem Wasser waschen, abgießen und mit Küchenpapier trockentupfen. Den Rum in eine kleine Schüssel geben und die Rosinen eine Stunde darin einweichen.

2 Die Tassen mit Backpapier auskleiden. Den Backofen auf 180 °C vorheizen.

3 Die Eier trennen. Die Eiweiße in eine fettfreie Schüssel geben und mit dem Salz zu steifem Schnee schlagen.

4 Den Puderzucker durchsieben, die Eigelbe dazugeben und mit dem Schneebesen zu einer dicklichen weißen Masse schlagen.

5 Die Rosinen in ein Sieb schütten. Die Mandeln und das Mehl in eine Schüssel geben. Die abgetropften Rosinen darin wenden und

das Ganze in die Puderzuckermasse einrühren. Den Eischnee vorsichtig unter die Masse heben.

6 Die Teigmasse gleichmäßig in die Tassen füllen. Den Rost in die untere Schiene des Backofens schieben und die Tassenkuchen darauf ca. 30 Minuten backen. Mit einem Holzstäbchen in die Mitte eines Kuchens stechen: Wenn kein Teig mehr daran kleben bleibt, die Tassen herausnehmen und ca. 5 Minuten abkühlen lassen.

7 Die Kakaoglasur im heißen Wasserbad erwärmen und mit einem Kuchenpinsel gleichmäßig auf den Kuchen verstreichen. Auf die noch feuchte Glasur die Mandelblättchen streuen.

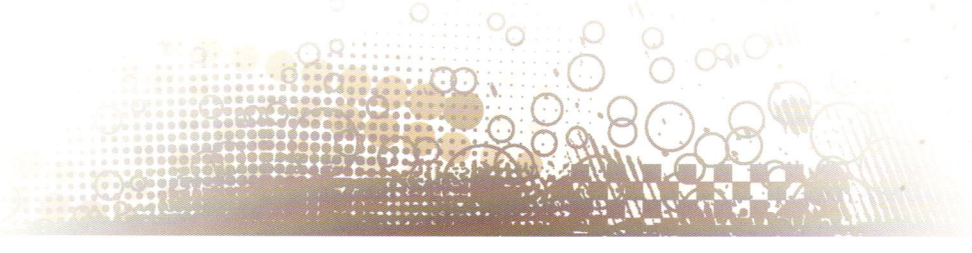

Cappuccino-Tassenkuchen

Zutaten:

Für 6 × 🍵 à ca. 100 ml

140 g Mehl
½ Päckchen Backpulver
1 Msp. Natron
4 TL Cappuccino-Pulver

75 g Mokkabohnen aus
    Schokolade
60 g Zucker
50 g weiche Butter oder
    Margarine
1 Ei

100 g Stracciatella-Joghurt
etwas Milch

Außerdem:
100 g feinherbe
    Schokoladenkuvertüre

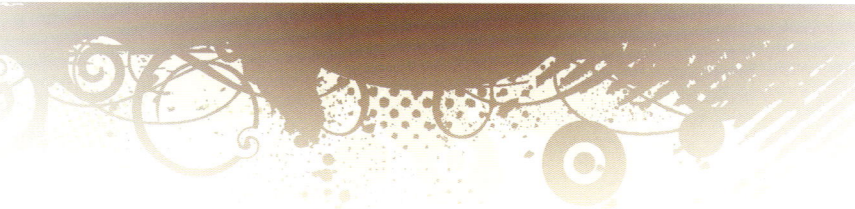

Zubereitung:

1 Die Tassen gut einfetten. Den Backofen auf 190 °C vorheizen.

2 Das Mehl zusammen mit dem Backpulver und dem Natron in eine Schüssel sieben und beiseitestellen. Von den Mokkabohnen 18 Stück für die Dekoration zurücklegen. Das Cappuccino-Pulver mit 2 EL heißem Wasser auflösen.

3 Den Zucker, die Butter und das Ei mit den Schneebesen des Handrührgerätes schaumig schlagen. Die Mehlmischung, den Stracciatella-Joghurt und den Cappuccino dazugeben und zusätzlich mit etwas Milch zügig zu einem glatten Teig verarbeiten. Die Mokkabohnen mit einem Löffel unterheben.

4 Den Teig mit einem Teelöffel gleichmäßig in die Tassen füllen. Sofort in den Backofen schieben und ca. 25 Minuten backen. Mit einem Holzstäbchen in einen Kuchen stechen: Wenn kein Teig mehr daran kleben bleibt, die Tassen herausnehmen und ca. 5 Minuten abkühlen lassen.

5 Die Schokoladenkuvertüre im heißen Wasserbad schmelzen. Die Kuchen mithilfe eines Teelöffels damit beträufeln und mit je drei Mokkabohnen verzieren.

Mugcakes

Wie so viele neue Backtrends kommen auch die Mugcakes aus Amerika. Die kleinen Kuchen (*cake* = Kuchen) werden in der Tasse oder im Becher (*mug* = Becher) gebacken. Im Gegensatz zu den Tassenkuchen in diesem Buch werden Mugcakes nicht im Backofen, sondern in der Mikrowelle gebacken. Mit einer Backzeit von ca. 2 Minuten sind sie somit eine Art Turbovariante unserer Tassenkuchen.

5-Minuten-Rezept!

Wen die süße Kuchenlust plötzlich überfällt, der braucht nur wenige Dinge, um innerhalb von wenigen Minuten einen leckeren Mugcake zu zaubern:

- eine Mikrowelle
- einen Kaffeebecher (mikrowellengeeignet, Inhalt ca. 300 ml)
- 1 EL Butter
- 1 Ei
- 2 EL Zucker
- 4 EL Mehl
- ½ TL Backpulver

Die Zubereitung erfolgt direkt im Becher: Die Butter bei 800 Watt in 40 Sekunden schmelzen, das Ei und den Zucker unterrühren. Das mit dem Backpulver gemischte Mehl dazugeben und alles vermischen, dann 1 Minute 20 Sekunden in der Mikrowelle backen. Nach Belieben mit etwas Puderzucker bestäuben und servieren!

Fantasie erwünscht!

Mugcakes fordern die Kreativität geradezu heraus! Das Grundrezept lässt sich immer wieder abwandeln: mit der Lieblingsschokolade, mit einer besonderen Praline oder sogar mit einer Kugel Eis! So erhält der Mugcake eine persönliche Note: Den Becher 40 Sekunden in die Mikrowelle stellen, herausnehmen, nach Belieben ein Stück Schokolade, eine Praline oder einen Löffel Nuss-Nugat-Creme in die Mitte geben und leicht andrücken. Weitere 40 Sekunden backen – fertig!

Bitte beachten!

So schnell der leckere Kuchenhappen gezaubert ist, so schnell sollte er auch gegessen werden. Im Gegensatz zu Backofenkuchen kann man Kuchen aus der Mikrowelle nicht lange aufbewahren. Seine fluffige Konsistenz geht schon nach kurzer Zeit verloren, er fällt zusammen und ist auch geschmacklich nicht mehr attraktiv. Deshalb gilt für Mugcakes: Nach dem Backen kurz abkühlen lassen, dann sofort servieren! Am größten ist der Genuss ohnehin, wenn man den Kuchen noch lauwarm aus dem Becher löffelt …

Kirsch-Joghurt-Mugcake

Zutaten:

Für 2 × ☕ à ca. 200 ml

30 g Butter
1 Ei
30 g Zucker
50 g Mehl
½ TL Backpulver
3 TL Kirschjoghurt
3 TL Schwarzkirsch-
   Konfitüre

Zubereitung:

1 Die Butter in einem Gefäß bei 850 Watt in 40 Sekunden schmelzen.

2 Das Ei und den Zucker mit der geschmolzenen Butter vermischen.

3 Das Mehl und das Backpulver sieben, hinzufügen und alles aufschlagen. Den Teig in die Tassen füllen.

4 Den Joghurt dazugeben und 2 TL Konfitüre unterheben. 1 TL Konfitüre zurückbehalten.

5 Die Tassen in die Mikrowelle stellen und 1 Minute und 40 Sekunden bei 850 Watt backen. Mit der zurückbehaltenen Konfitüre dekorieren und sofort servieren.

Double-Chocolate-Mugcake

Zutaten:

Für 1 ×  à ca. 300 ml

30 g Butter
4 EL Nuss-Nugat-Creme
1 Ei
30 g Zucker
50 g Mehl
½ TL Backpulver
Puderzucker

Zubereitung:

1 Die Butter zusammen mit 3 EL Nuss-Nugat-Creme in einem Kaffeebecher bei 850 Watt in 40 Sekunden schmelzen. Beides zu einer homogenen Masse verrühren.

2 Das Ei und den Zucker dazugeben und mit der Masse vermischen.

3 Das Mehl und das Backpulver sieben, ebenfalls hinzufügen und alles aufschlagen.

4 Den Kaffeebecher in die Mikrowelle stellen und 40 Sekunden bei 850 Watt backen.

5 Den restlichen Esslöffel Nuss-Nugat-Creme daraufgeben und weitere 40 Sekunden in der Mikrowelle backen. Anschließend herausnehmen und etwas abkühlen lassen.

6 Nach Belieben mit etwas Puderzucker bestäuben und sofort servieren.

Smarties-Mugcake

Zutaten:

Für 1 × à ca. 300 ml

30 g Butter
1 Ei
30 g Zucker
50 g Mehl
½ TL Backpulver
2 EL Smarties

Zubereitung:

1 Die Butter in einem Kaffeebecher bei 850 Watt in 40 Sekunden schmelzen.

2 Das Ei und den Zucker mit der geschmolzenen Butter vermischen.

3 Das Mehl und das Backpulver sieben, in die Tasse geben und alles aufschlagen.

4 Die Smarties unterheben, dabei 4–6 Smarties für die Dekoration zurückbehalten.

5 Den Kaffeebecher in die Mikrowelle stellen. 1 Minute und 20 Sekunden bei 850 Watt backen und mit den zurückbehaltenen Smarties dekorieren.

Mohn-Rosinen-Kuchen

Zutaten:

Für 3 × ☕ à ca. 200 ml

130 g Instantmehl
½ Päckchen Back-
    pulver
1 Msp. Natron
50 g Sultaninen
60 g Zucker
50 g weiche Butter
    oder Margarine
1 Ei
150 g Vanillejoghurt
1 Spritzer Back-
    aroma Rum
80 g backfertige
    Mohnfüllung

Außerdem:
50 g Puderzucker
etwas Wasser oder
    Zitronensaft
2–3 TL Mohn

Zubereitung:

1 Die Tassen gut einfetten. Den Backofen auf
190 °C vorheizen.

2 Das Mehl zusammen mit dem Backpulver und
dem Natron in eine Schüssel sieben und beiseitestellen. Die Sultaninen waschen und ca.
20 Minuten in heißem Wasser einweichen.

3 Den Zucker, die Butter und das Ei mit den
Schneebesen des Handrührgerätes schaumig
schlagen. Die Mehlmischung, den Vanillejoghurt und das Backaroma dazugeben und
alles zu einem glatten Teig verarbeiten.

4 Die Sultaninen aus dem Wasser nehmen und
mit Küchenpapier trocken tupfen. Zusammen
mit der Mohnfüllung gut vermischen.

5 Je zwei Teelöffel des Teiges in die Tassen füllen.
Von der Mohnmischung mithilfe von zwei Teelöffeln 6 Nocken abstechen, auf den Teig legen
und mit dem restlichen Teig bedecken. Sofort
in den Backofen schieben und ca. 25 Minuten
backen. Mit einem Holzstäbchen in die Mitte
eines Kuchens stechen: Wenn kein Teig mehr
daran kleben bleibt, die Tassen herausnehmen
und ca. 5 Minuten abkühlen lassen.

Die Sultaninen in diesem Rezept können auch durch getrocknete *Cranberries* ersetzt werden.

6 Aus dem Puderzucker und einigen Spritzern Wasser oder Zitronensaft einen Guss anrühren. Die Kuchen damit begießen und mit aufgestreutem Mohn dekorieren.

Versunkener Apfel

Zutaten:

Für 3 × ☕ à ca. 200 ml

1 Apfel
1 EL Zitronensaft
70 g weiche Butter oder
   Margarine
50 g Zucker
1 TL Vanillezucker
1 Ei
1 Prise Salz
75 g Mehl
½ TL Backpulver
1 EL Milch
40 g gehackte Walnüsse

Außerdem:
Puderzucker zum
   Bestäuben

Zubereitung:

1 Die Tassen mit Backpapier auskleiden. Den Backofen auf 180 °C vorheizen.

2 Den Apfel schälen, vierteln und das Kerngehäuse entfernen. Mit Zitronensaft beträufeln, damit er nicht braun wird.

3 Die Butter, den Zucker und den Vanillezucker mit einem Schneebesen schaumig rühren, bis sich der Zucker aufgelöst hat. Das Ei und das Salz unterrühren.

4 Das Mehl und das Backpulver sieben und zusammen mit der Milch in die Schaummasse einrühren. Zügig zu einem glatten Teig verarbeiten. Die Walnüsse mit einem Rührlöffel unter die Teigmasse heben.

5 Den Teig gleichmäßig in die Tassen füllen. Die Apfelviertel mit einem Messer über Kreuz einritzen und in jede Tasse ein Viertel legen. Den Rost in die untere Schiene des Backofens schieben und die Tassenkuchen darauf ca. 40 Minuten backen. Mit einem Holzstäbchen in die Mitte eines Kuchens stechen: Wenn kein Teig mehr daran kleben bleibt, die Tassen herausnehmen und ca. 5 Minuten abkühlen lassen. Mit Puderzucker bestäuben.

Auch Birnen, Aprikosen, Mirabellen oder Kirschen sind für diese Kuchen geeignet. Die Früchte jeweils etwas in den Teig drücken. Steinobst auf jeden Fall vorher entsteinen.

Papaya-Kuchen

Zutaten:

Für 5 × ☕ à ca. 200 ml

50 g Butter oder
   Margarine
60 g Zucker
1–2 Spritzer Süßstoff
1 Ei
1 Prise Salz
2 EL Zitronensaft
20 g gemahlene Hasel-
   nüsse
150 g Mehl
1 TL Backpulver
190 g Papayabällchen
   (aus der Dose)

Außerdem:
100 g Kakaoglasur
5 Papayabällchen

Zubereitung:

1 Die Tassen mit Backpapier auskleiden. Den Backofen auf 180 °C vorheizen.

2 Die Butter in einem Topf bei geringer Hitze schmelzen und abkühlen lassen.

3 Den Zucker, den Süßstoff, das Ei und das Salz mit dem Schneebesen in die abgekühlte Butter einrühren, bis sich der Zucker aufgelöst hat. Die Masse schaumig schlagen. Den Zitronensaft und die gemahlenen Haselnüsse dazugeben.

4 Das Mehl und das Backpulver sieben, nach und nach unter die Schaummasse heben und alles zu einem glatten Teig verrühren. Die Papayabällchen vorsichtig mit einer Gabel in den Teig einarbeiten.

5 Die Teigmasse gleichmäßig in die Tassen füllen. Den Rost in die untere Schiene des Backofens schieben und die Tassenkuchen darauf ca. 30 Minuten backen. Mit einem Holzstäbchen in die Mitte eines Kuchens stechen: Wenn kein Teig mehr daran kleben bleibt, die Tassen herausnehmen und ca. 5 Minuten abkühlen lassen.

6 Die Kakaoglasur im heißen Wasserbad erwärmen, mit einem Kuchenpinsel grob über die Kuchen streichen und je ein Papayabällchen daraufsetzen.

Sollten keine Papayabällchen verfügbar sein, sind auch Ananas-stückchen ein leckerer Ersatz.

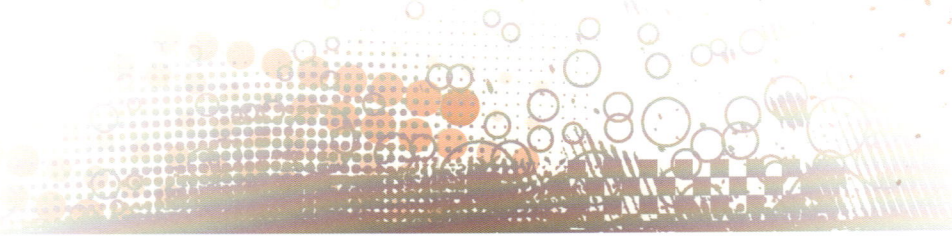

Heidelbeerkuchen

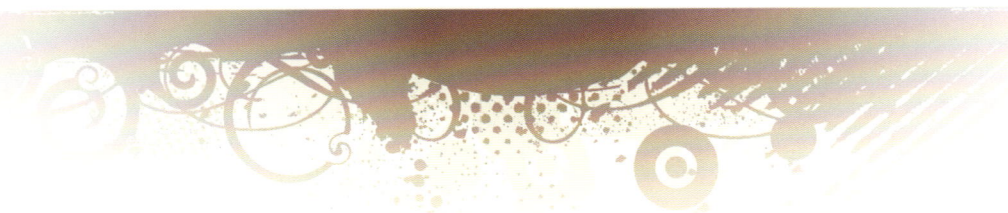

Zutaten:

Für 5 × ☕ à ca. 200 ml

40 ml Pflanzenöl
60 g Zucker
½ Päckchen Vanille-
  zucker
1 Ei
140 g Mehl
½ Päckchen Back-
  pulver
1 Msp. Natron
100 ml Milch
200 g Heidelbeeren
  (frisch oder aus
  dem Glas)

Zubereitung:

1 Die Tassen mit Backpapier auskleiden. Den Backofen auf 180 °C vorheizen.

2 Das Öl, den Zucker, den Vanillezucker und das Ei mit einem Schneebesen schaumig rühren, bis sich der Zucker aufgelöst hat.

3 Das Mehl, das Backpulver und das Natron durchsieben und mit der Milch zu der Zucker-Ei-Masse geben. Zügig zu einem glatten Teig verrühren.

4 Die auf einem Sieb gut abgetropften Heidelbeeren mit einem Rührlöffel unter die Teigmasse heben.

5 Die Teigmasse gleichmäßig in die Tassen füllen. Den Rost in die untere Schiene des Backofens schieben und die Tassenkuchen darauf ca. 30 Minuten backen. Mit einem Holzstäbchen in die Mitte eines Kuchens stechen: Wenn kein Teig mehr daran kleben bleibt, die Tassen herausnehmen und ca. 5 Minuten abkühlen lassen.

Für die Streusel verkneten Sie 75 g Mehl mit 40 g Zucker, 1 Päckchen Vanillezucker und 40 g weicher Butter und bestreuen damit die Kuchen vor dem Backen.

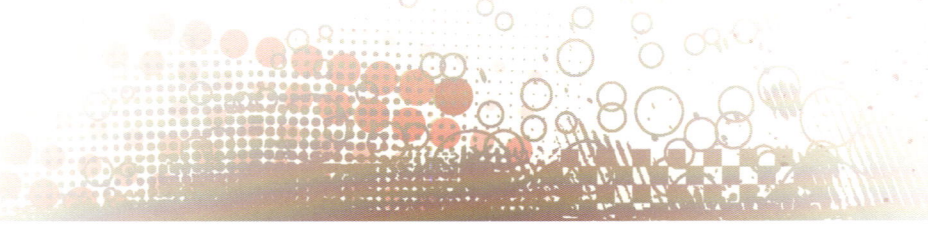

Stachelbeerkuchen

Zutaten:

Für 4 ×  à ca. 300 ml

250 g Stachelbeeren
50 g weiche Butter
    oder Margarine
50 g Zucker
1 TL Vanillezucker
1 Ei
75 g Mehl
1 TL Backpulver
1 Prise Salz
65 ml Milch

Außerdem:
Puderzucker zum
    Bestäuben

Zubereitung:

1 Die Tassen mit Backpapier auskleiden. Den Backofen auf 180 °C vorheizen.

2 Die Stachelbeeren waschen und mit einem Messer den Stiel- und Blütenansatz entfernen. Mit Küchenpapier trocken tupfen.

3 Die Butter, den Zucker und den Vanillezucker mit den Schneebesen des Handrührgerätes schaumig rühren, bis sich der Zucker aufgelöst hat. Das Ei unterschlagen.

4 Das Mehl zusammen mit dem Backpulver in eine Schüssel sieben, mit dem Salz zur Eiermasse geben und mit der Milch zu einem glatten Teig rühren. Die Stachelbeeren mit einem Rührlöffel unterheben.

5 Den Teig gleichmäßig in die Tassen füllen. Den Rost in die untere Schiene des Backofens schieben und die Tassenkuchen darauf ca. 40 Minuten backen. Mit einem Holzstäbchen in die Mitte eines Kuchens stechen: Wenn kein Teig mehr daran kleben bleibt, die Tassen herausnehmen und ca. 5 Minuten abkühlen lassen.

6 Vor dem Servieren mit Puderzucker bestäuben.

Wenn Sie außerhalb der Saison keine frischen Stachelbeeren bekommen, können Sie auch gut abgetropfte Früchte aus dem Glas verwenden.

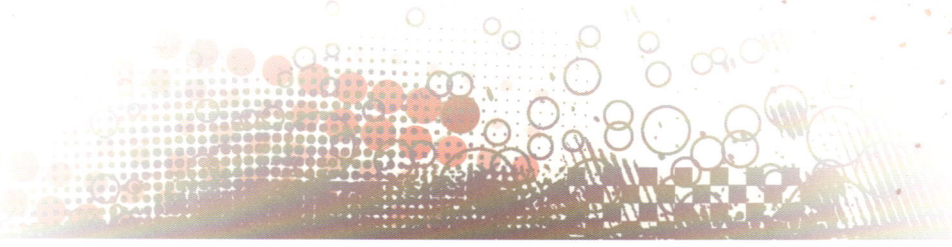

Orangenkuchen

Zutaten:

Für 5 × ☕ à ca. 200 ml

50 g weiche Butter
   oder Margarine
60 g Zucker
3–4 Spritzer Süßstoff
1 Prise Salz
1 Ei
½ TL abgeriebene
   Schale einer unbe-
   handelten Zitrone
½ TL abgeriebene
   Schale einer unbe-
   handelten Orange
50 g gemahlene
   Mandeln
100 g Instantmehl
1 TL Backpulver
60 ml Orangensaft
1 EL Zitronensaft

Außerdem:
100 g Kakaoglasur
½ TL abgeriebene
   Schale einer unbe-
   handelten Orange

Zubereitung:

1 Die Tassen mit Backpapier auskleiden. Den Backofen auf 180 °C vorheizen.

2 Die Butter und den Zucker mit dem Schneebesen rühren, bis sich der Zucker aufgelöst hat. Die Masse schaumig schlagen. Den Süßstoff, das Salz, das Ei und die Zitronen- und Orangenschale nach und nach in die Schaummasse einrühren.

3 Die Mandeln ebenfalls unterrühren.

4 Das Mehl und das Backpulver sieben, nach und nach zusammen mit dem Orangen- und Zitronensaft zügig zur Schaummasse geben und zu einem glatten Teig verrühren.

5 Die Teigmasse gleichmäßig in die Tassen füllen. Den Rost in die untere Schiene des Backofens schieben und die Tassenkuchen darauf ca. 30 Minuten backen. Mit einem Holzstäbchen in die Mitte eines Kuchens stechen: Wenn kein Teig mehr daran kleben bleibt, die Tassen herausnehmen und ca. 5 Minuten abkühlen lassen.

6 Die Kakaoglasur im heißen Wasserbad erwärmen und in einem dünnen Strahl direkt auf die Kuchen gießen. Die Orangenschale auf die Glasur streuen.

Ein sehr schneller, einfacher und saftiger Kuchen, der vor allem im Sommer sehr erfrischend schmeckt.

Zutaten:

Für 4 × ☕ à ca. 200 ml

250 g Mehl
1 Päckchen Backpulver
½ TL Natron
120 g Zucker
100 g weiche Butter oder
    Margarine
1 Ei
60 g gemahlene Mandeln
100 ml Milch

Außerdem:
200 g rote Johannisbeeren
4 EL Zucker
1 Vanilleschote
125 ml süße Sahne

Johannisbeer-Tässchen mit Vanille-Topping

Zubereitung:

1 Die Tassen gut einfetten oder mit Backpapier auskleiden. Den Backofen auf 190 °C vorheizen.

2 Das Mehl zusammen mit dem Backpulver und dem Natron in eine Schüssel sieben.

3 Den Zucker, die Butter und das Ei mit den Schneebesen des Handrührgerätes schaumig schlagen. Die Mehlmischung, die gemahlenen Mandeln und die Milch dazugeben und zügig zu einem glatten Teig verarbeiten.

4 Die Johannisbeeren waschen und etwas abtropfen lassen. Mit 2 EL Zucker bestreuen und den Zucker etwas antrocknen lassen. Das Mark der Vanilleschote auskratzen. Die Sahne schlagen, 2 EL Zucker einrieseln lassen und das Vanillemark hinzufügen. Die Vanillesahne steif schlagen und kühlen.

5 Den Teig in die Tassen füllen. Im Backofen ca. 25 Minuten backen. Mit einem Holzstäbchen in die Mitte eines Kuchen stechen: Wenn kein Teig mehr daran kleben bleibt, die Tassen herausnehmen und ca. 5 Minuten abkühlen lassen.

6 Die Kuchen mithilfe eines Spritzbeutels jeweils mit einem Sahnehäubchen verzieren. Die Johannisbeeren daraufgeben und die Kuchen servieren.

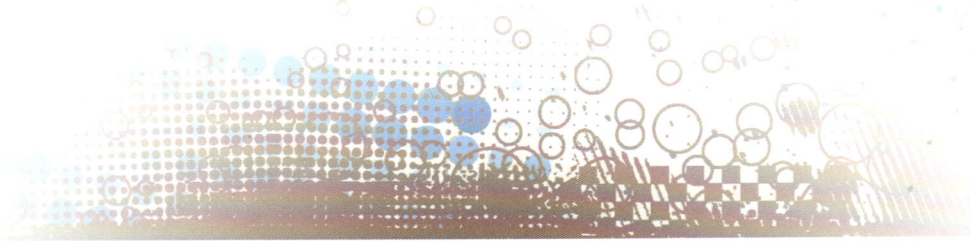

Quark-Weinbeeren-Kuchen

Zutaten:

Für 2 × 🥛 à ca. 300 ml
oder 3 × ☕ à ca. 200 ml

25 g weiche Butter
   oder Margarine
50 g Zucker
1 TL Vanillezucker
1 Ei
65 g Magerquark
1 Prise Salz
75 g Mehl
1 TL Backpulver
35 ml Milch
40 g Rosinen

Außerdem:
Puderzucker zum
   Bestäuben

Zubereitung:

1 Die Tassen mit Backpapier auskleiden. Den Backofen auf 180 °C vorheizen.

2 Die Butter, den Zucker und den Vanillezucker mit dem Schneebesen rühren, bis sich der Zucker aufgelöst hat. Das Ei zugeben und die Masse schaumig schlagen.

3 Den Quark gut ausdrücken und mit dem Salz in die Masse einrühren.

4 Das Mehl und das Backpulver sieben und zu der Masse geben. Zügig zusammen mit der Milch zu einem glatten Teig verrühren. Die Rosinen in Mehl wälzen und unter den Teig heben.

5 Die Teigmasse gleichmäßig in die Tassen füllen. Den Rost in die untere Schiene des Backofens schieben und die Tassenkuchen darauf ca. 40 Minuten backen. Mit einem Holzstäbchen in die Mitte eines Kuchens stechen: Wenn kein Teig mehr daran kleben bleibt, die Tassen herausnehmen und ca. 5 Minuten abkühlen lassen.

6 Die erkalteten Kuchen mit Puderzucker bestäuben.

Statt der getrockneten
Weinbeeren kann man auch
frische Trauben verwenden.
Der Kuchen wird dann saftiger.
Die Trauben aber vorher in
jedem Fall in Mehl wälzen!

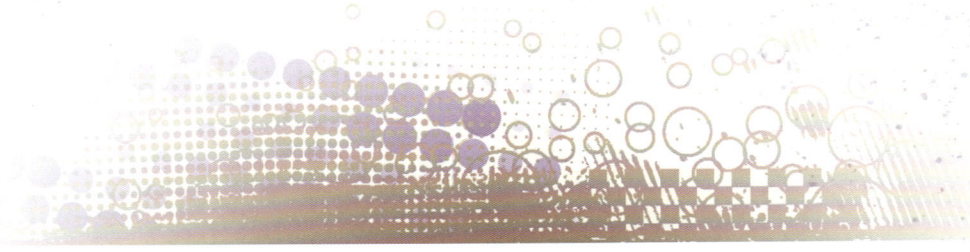

Käsekuchen mit Pflaumen

Zutaten:

Für 6 × ☕ à ca. 200 ml

250 g Pflaumen
3 Eier
75 g weiche Butter
  oder Margarine
75 g Zucker
250 g Magerquark
1 TL Backpulver
1 Päckchen Pudding-
  pulver Vanille
250 ml süße Sahne
1 Prise Salz

Zubereitung:

1 Die Tassen gut einfetten oder mit Backpapier auskleiden. Den Backofen auf 175 °C vorheizen.

2 Die Pflaumen waschen, trocken reiben, entkernen
und in ca. 1,5 cm große Würfel schneiden.

3 Die Eier trennen. Die Butter, den Zucker und die
Eigelbe mit dem Handrührgerät 5 Minuten auf
höchster Stufe cremig rühren. Den Quark, das
Backpulver und das Puddingpulver unterrühren.
125 ml Sahne steif schlagen, dazugeben und gut
mit der Creme verrühren.

4 Die Eiweiße mit dem Salz steif schlagen und vorsichtig unter den Teig heben.

5 Den Teig in die Tassen füllen, die Pflaumenwürfel
darauf verteilen und ca. 40 Minuten backen.

6 Die Kuchen in den Tassen ganz auskühlen lassen.
Die restliche Sahne steif schlagen und zu den
Kuchen servieren.

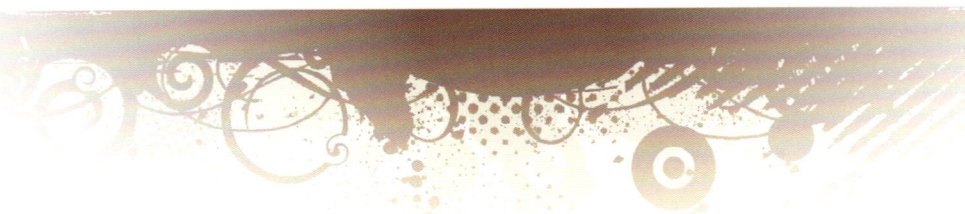 Zitronenkuchen

Zutaten:

Für 2 × à ca. 300 ml
oder 3 × à ca. 200 ml

70 g Zucker
1 Ei
50 ml Pflanzenöl
1 Prise Salz
2 cl Zitronensaft
75 g Mehl
1 TL Backpulver
50 ml Orangensaft

Außerdem:
30 g Puderzucker
2 TL Zitronensaft
1 EL abgeriebene
   Schale von einer
   unbehandelten
   Zitrone

Zubereitung:

1 Die Tassen mit Backpapier auskleiden. Den Backofen auf 180 °C vorheizen.

2 Den Zucker und das Ei mit dem Schneebesen rühren, bis eine cremige Masse entsteht. Das Öl in einem dünnen Strahl einfließen lassen und das Ganze mit dem Salz und dem Zitronensaft verrühren.

3 Das Mehl und das Backpulver sieben, nach und nach zusammen mit dem Orangensaft zügig in die Teigmasse geben und alles zu einem glatten Teig verrühren.

4 Die Teigmasse gleichmäßig in die Tassen füllen. Den Rost in die untere Schiene des Backofens schieben und die Tassenkuchen darauf ca. 30 Minuten backen. Mit einem Holzstäbchen in die Mitte eines Kuchens stechen: Wenn kein Teig mehr daran kleben bleibt, die Tassen herausnehmen und ca. 5 Minuten abkühlen lassen.

5 Den Puderzucker sieben, mit dem Zitronensaft zu einer zähen Masse verrühren und auf die abgekühlten Kuchen streichen. Den Guss mit etwas Zitronenschale bestreuen.

Die Kuchen werden noch saftiger, wenn man sie mit einem Holzstäbchen einsticht und vor dem Bestreichen Zitronensaft in die Löcher träufelt.

Himbeer-Türmchen

Zutaten:

Für 4 × ☕ à ca. 200 ml

1 Ei
130 g Mehl
½ Päckchen
   Backpulver
1 Msp. Natron
125 g Himbeeren
1 Prise Salz
40 g gemahlene
   Mandeln
60 g Zucker
50 g weiche Butter
   oder Margarine
1 EL Crème fraîche
150 g Naturjoghurt

Außerdem:
dunkle Kuchenglasur
125 ml süße Sahne

Zubereitung:

1 Die Tassen gut einfetten. Den Backofen auf 190 °C vorheizen.

2 Zunächst das Ei trennen. Das Mehl zusammen mit dem Backpulver und dem Natron in eine Schüssel sieben und beiseitestellen. Die Himbeeren verlesen, 4 Stück für die Dekoration aufbewahren.

3 Das Eiweiß mit dem Salz zu steifem Schnee schlagen. Die Himbeeren und die gemahlenen Mandeln dazugeben und vorsichtig mit einem Kochlöffel unterheben.

4 Den Zucker, die Butter und das Eigelb mit den Schneebesen des Handrührgerätes schaumig schlagen. Die Mehlmischung, die Crème fraîche und den Naturjoghurt dazugeben und zügig zu einem glatten Teig verarbeiten.

5 Etwas Teig in die Tassen füllen. Jeweils mit zwei Teelöffeln das Himbeer-Baiser darauf verteilen und vorsichtig mit dem restlichen Teig bedecken. Im Backofen ca. 25 Minuten backen. Mit einem Holzstäbchen in einen Kuchen stechen: Wenn kein Teig mehr daran kleben bleibt, die Tassen herausnehmen und ca. 5 Minuten abkühlen lassen.

6 Die Kuchenglasur im Wasserbad schmelzen und die Sahne steif schlagen. Jeden Kuchen mit Kuchenglasur und einem Sahnetupfer verzieren. Zum Schluss je eine Himbeere daraufsetzen.

Mit Früchten

Pfirsich-Kokos-Kuchen

Zutaten:

Für 6 × ☕ à ca. 200 ml

250 g Mehl
1 Päckchen Backpulver
½ TL Natron
1 Dose Pfirsiche
120 g Zucker
100 g weiche Butter oder Margarine

1 Ei
1 Spritzer Kirschwasser
60 g Kokosflocken

Außerdem:
125 ml süße Sahne

Zubereitung:

1 Die Tassen gut einfetten oder mit Backpapier auskleiden. Den Backofen auf 190 °C vorheizen.

2 Das Mehl zusammen mit dem Backpulver und dem Natron in eine Schüssel sieben und beiseitestellen. Die Pfirsiche abgießen, dabei den Saft auffangen und anschließend das Fruchtfleisch würfeln.

3 Den Zucker, die Butter und das Ei mit dem Handrührgerät schaumig schlagen. Die Mehlmischung, das Kirschwasser und 100 ml Pfirsichsaft dazugeben und zügig zu einem glatten Teig verarbeiten.

4 Die Pfirsichwürfel mit den Kokosflocken mischen. ⅓ der Mischung für die Dekoration beiseitestellen.

5 Die Hälfte des Teiges in die Tassen füllen. Die Pfirsich-Kokos-Mischung daraufgeben und mit dem restlichen Teig bedecken. Sofort in den Backofen schieben und ca. 25 Minuten backen. Mit einem Holzstäbchen in einen Kuchen stechen: Wenn kein Teig mehr daran kleben bleibt, die Tassen herausnehmen und ca. 5 Minuten abkühlen lassen.

6 Die Sahne steif schlagen. Die Kuchen mithilfe eines Spritzbeutels jeweils mit einem Sahnehäubchen verzieren. Die übrige Pfirsich-Kokos-Mischung auf die Kuchen streuen.

Physalis-Kuchen

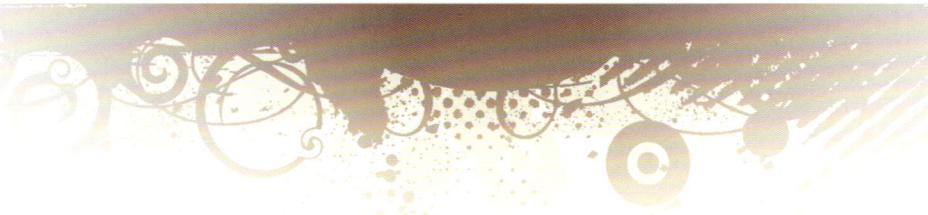

Zutaten:

Für 6 × ☕ à ca. 100 ml

100 g Mehl
1 TL Backpulver
30 g Butter oder
   Margarine
20 ml Ahornsirup
½ TL abgeriebene
   Schale einer unbe-
   handelten Orange
1 EL Orangensaft
30 ml Buttermilch
1 TL Mandellikör
1 Ei
40 g gehackte Mandeln
100 g Physalis

Außerdem:
100 g dunkle Schokola-
denkuvertüre

Zubereitung:

1 Die Tassen gut einfetten. Den Backofen auf 190 °C vorheizen.

2 Das Mehl zusammen mit dem Backpulver in eine Schüssel sieben und beiseitestellen.

3 Die Butter bei schwacher Hitze schmelzen, mit Ahornsirup, Orangenschale, Orangensaft und Buttermilch zügig verrühren. Die Mehlmischung, den Mandellikör, das Ei und die Mandeln dazuge-ben und alles zu einem glatten Teig kneten.

4 Aus dem Teig eine Rolle formen und in 6 gleich große Stücke teilen. Die Teigstücke zu Kugeln rollen, platt drücken, jeweils mit einer Physalis füllen und wieder zu Kugeln formen.

5 Die gefüllten Teigkugeln in die Tassen legen und ca. 25 Minuten backen. Mit einem Holzstäbchen in die Mitte eines Kuchens stechen: Wenn kein Teig mehr daran kleben bleibt, die Tassen he-rausnehmen und ca. 5 Minuten abkühlen lassen.

6 Die Schokoladenkuvertüre im heißen Wasserbad schmelzen, die Kuchen damit bestreichen und mit je einem Physalisviertel dekorieren.

Schokoladenkuvertüre kann auch in der Mikrowelle geschmolzen werden: Man zerkleinert sie und gibt sie in einer Schüssel für ca. 2 Minuten bei 600 Watt unter gelegentlichem Rühren in die Mikrowelle.

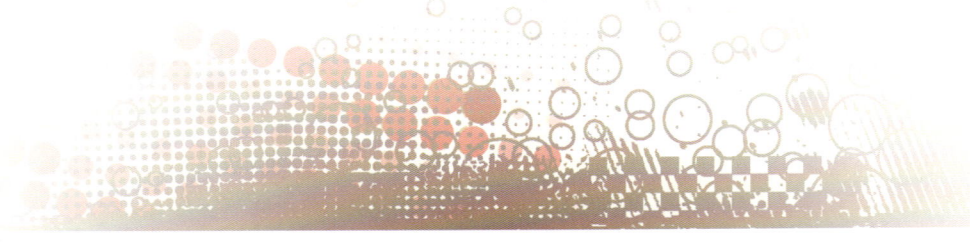

Kokos-Granatapfel-Minis

Zutaten:

Für 8 × ☕ à ca. 100 ml

250 g Mehl
50 g Zucker
½ Würfel Frischhefe
250 ml Kokosmilch
80 g weiche Butter
   oder Margarine
1 Prise Salz

Außerdem:
50 g Granatapfel-
   gelee
1 Granatapfel
Kokos-Chips

Zubereitung:

1 Das Mehl und den Zucker in einer Schüssel mischen und in die Mitte eine Vertiefung drücken. Die Hefe hineinbröckeln, mit etwas lauwarmer Kokosmilch zu einem Vorteig verrühren und ca. 15 Minuten gehen lassen.

2 Die Margarine und das Salz dazugeben und alles zu einem glatten Teig verarbeiten. An einem warmen Ort 30 Minuten gehen lassen.

3 Die Tassen gut einfetten oder mit Backpapier auskleiden. Den Teig aus der Schüssel nehmen und nochmals gut durchkneten. 8 Teigkugeln formen, in die Tassen legen und ca. 20 Minuten backen. Die Kuchen aus dem Backofen nehmen und abkühlen lassen.

4 Das Granatapfelgelee leicht erwärmen und auf die Kuchen geben. Die Kerne aus dem Granatapfel herauslösen und die Kuchen mit Kokos-Chips und Granatapfelkernen verzieren.

Wer möchte, kann die kleinen Kuchen auch noch mit Glitzerperlen verzieren!

Der Granatapfel schmeckt nicht nur sehr lecker – er ist auch ein Symbol für Leben und Fruchtbarkeit!

Register

© 2015 design cat GmbH

Genehmigte Lizenzausgabe
EDITION XXL GmbH
Industriestraße 19
64407 Fränkisch-Crumbach 2015
www.edition-xxl.de

Idee und Projektleitung:
Sonja Sammüller
Layout, Satz und Umschlaggestaltung:
design cat GmbH

ISBN (13) 978-3-89736-189-8
ISBN (10) 3-89736-189-2

Bildnachweis
Wir danken folgenden Firmen für ihre freundliche Unterstützung:
Unilever Deutschland GmbH, Hamburg
– Mazola 43
– Rama 69
– Sanella 79
Shutterstock 5 second Studio 11 / Africa Studio 9, 24, 37, 38,61, 67 / alanadesign 7, 11, 23, 32, 37, 38, 42, 44, 51, 53, 63, 64, 77 / Andris Tkacenko 48 / AnjelikaGr 34, 77 / area381 6 / bitt24 4,71 / gillmar 5 / Gordan 2 –80 / Gyorgy Barna_26 / Shaiith 26 / iravgustin 15 / Isara Kaenla 53 / Ivory27 7 / koss13 29 / mama_mia 19, 20, 23, 31, 32, 55, 59 / MartiniDry 74 / Milarka 12, 63 / mongione 28, 44 / Nickola_Che 73 / Tatiana Vorona 6 / PG Studija 42 / phacharawi siwavudh 41 / ppart 6 / Redshinestudio 8, 10, 13, 14, 16, 18, 21, 25, 27, 28, 29, 30, 33, 34, 35, 36, 39, 40, 42, 43, 45, 46, 48, 49, 50, 52, 54, 56, 58, 62, 65, 66, 68, 70, 72, 75, 76, 78 / Robert Anthony 3, 7 / Subbotina Anna 48 / Shane Gross 4 / Sunny Forest 17, 41, 47, 57 / Suslik1983 6 / Tasha-Natasha 5, 8, 10, 13, 14, 16, 18, 18, 21, 22, 25, 27, 28, 29, 30, 33, 34, 35, 36, 39, 40, 42, 43, 45, 46, 49, 50, 51, 52, 54, 56, 58, 60, 62, 64, 66, 68, 70, 72, 75, 75, 76, 78 / queez 48 – 51 / Vasily Mulyukin 6 / violeta pasat 5 / www.BillionPhotos.com 64
Alle weiteren Bilder von design cat GmbH.